わたしの描《か》いた詩《うた》

JUNIOR POEM SERIES

藤本 美智子 詩・絵

もくじ

Ⅰ　朝にありがとう

Ⅱ　泣きたくなってくる

Ⅰ　朝にありがとう

朝にありがとう

あかるくなって
いつもの朝が　やってきた
それだけで　うれしい
朝に　ありがとう
まどに　ありがとう
テーブルに　ありがとう
いすに　ありがとう
すべてに　すべてに
ありがとう

小鳥が　ないて
すてきな朝が　やってきた
きょうも　元気です
朝に　ありがとう
空に　ありがとう
大地に　ありがとう
花に　ありがとう
すべてに　すべてに
ありがとう

風をかきたくて

風をかきたくて
えんぴつを　持《も》ってみたよ
まるじゃないし
しかくじゃないし
紙が　まっ黒に
なるまで　かいた
こまったな

風は　かくれてて
画用紙を　ふきとばすよ

いるみたいで
いないみたいで
かけずに　しょげていると
なぐさめに　くる
ふしぎだな

風を　かきたくて
えのぐを　だしてみたよ
青のようで
緑《みどり》のようで
色を　ありったけ
パレットに　まぜた
かけるかな

ねえ　空さん

ぶらんこを　こぐと
空と　ともだち
――ねえ　空さん
どうして　そんなに大きいの？
空は　こたえてくれました。
――きみがね
わたしのむこうへ　おちないように

ぶらんこに　のると
空と　ともだち
——ねえ　空さん
どうして　そんなに青いの？
空は　わらっていいました
——それはね
青いタオルで　かおをふいたの

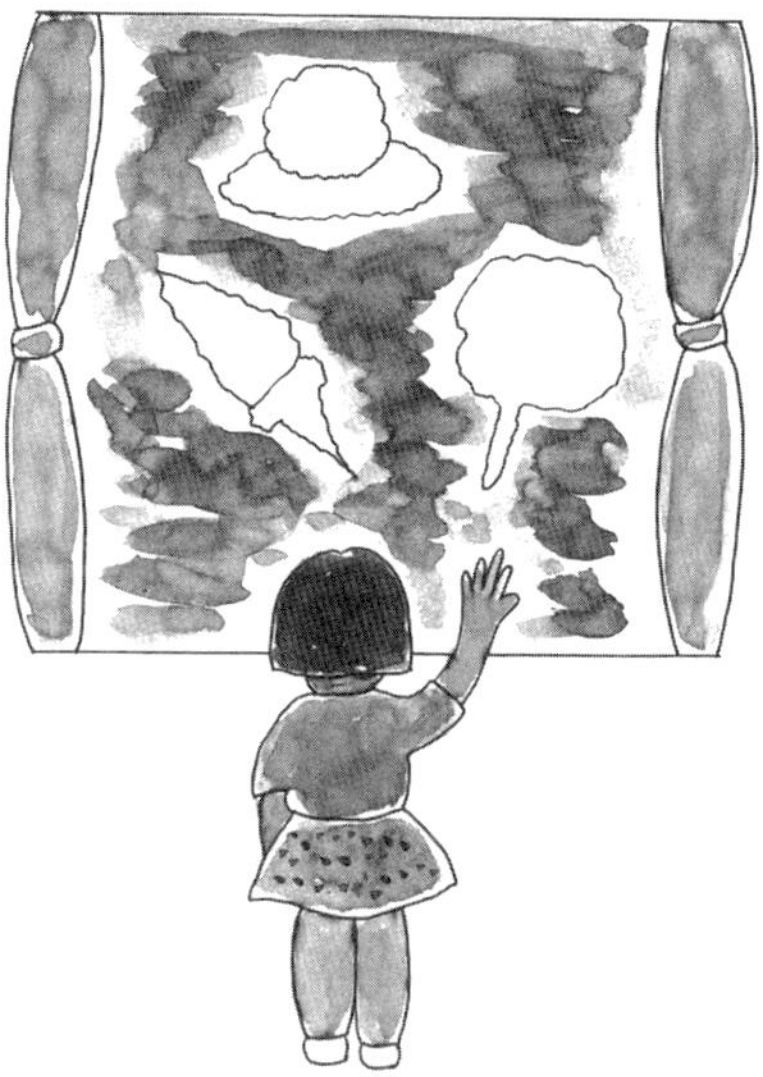

きれい！

太陽《たいよう》が出る前
うすべに色の雲を見た
　わあ　きれい！
そう思うのは
過去《かこ》に　生きていた人も
今　生きている人も
これから　生きていく人も
きっと　同じ
つながっている

太陽がのぼって
コップ一ぱいの水を飲《の》む
　ああ　おいしい！
そう思うのは
町に　住《す》んでいる人も
山に　住んでいる人も
海辺《うみべ》に　住んでいる人も
きっと　同じ
つながっている

あめ　あめ　雨が

あめ　あめ
雨が　こんなに　ふっていて
ちょうちょは
どうしているかしら
はねが　ぬれると　こまるでしょ

あめ　あめ
雨が　こんなに　ふっていて
のらいぬ
どうしているかしら
かさを　とどけて　あげたいな

あめ　あめ
雨が　こんなに　ふっていて
すずめは
どうしているかしら
いつもの　おしゃべり　きかせてよ

なりたいな

かぜにそよぐ
はっぱを　みているとね
めのまえが
あかるくなるよ
はっぱに　なりたいな
やわらかな
きみどりの　ふくをきて

ながれていく
くもを　みているとね

めのおくが
うごかされるよ
くもに　なりたいな
ふわふわの
まっしろな　ふくをきて

きれめのない
そらを　みているとね
めのなかが
ひろがっていくよ
そらに　なりたいな
すきとおった
みずいろの　ふくをきて

スイートピー

春に　なったら
うすい花びら　ひろげる
スイートピーに　あえるよ
ほら
赤　白　むらさき
ピンクの　ちょうが
今にも
飛《と》びたちそうに　さいている

春の　まんなか
みどりのつるを　からめて
スイートピーが　かおるよ
そうだ
赤　白　むらさき
ピンクの　ちょうを
つかまえて
おかあさんに　プレゼント

木の気分

きょうは
とても　いい天気
みんなで
森へ　出かけよう
なんだか
木になった　気分
ねえ
いっしょに　歌おうよ
緑《みどり》の葉《は》っぱの　あいだから
こぼれる　ひかり
スポットライト

きょうは
風が　さわやかだ
みんなで
森を　歩きたい
すっかり
木になった　気分
さあ
声を　あわせよう
青い空まで　ひびきわたる
小鳥の　さえずり
ばんそうにして

なにもないところへ

なにもない大地に
たねをまく
なにもない空間《くうかん》に
芽《め》がでる
根《ね》がささえる

なにもないところから
なにもないところへ

葉《は》がうまれる
くきがのびる
そして花がさく

夕やみに

夕やみに
わたしを溶《と》かしに行きたい

右にまがろうと　左にまがろうと
だれにも　とがめられない
風の声に耳をかたむけ
ただようかおりを感《かん》じる

人間らしきもので
歩きまわり
どうしようもない　いらだち
もやもやを　消《け》し去《さ》る

夕やみに
これまでの言動《げんどう》
すべてを溶《と》かし
新しいわたしになりたい

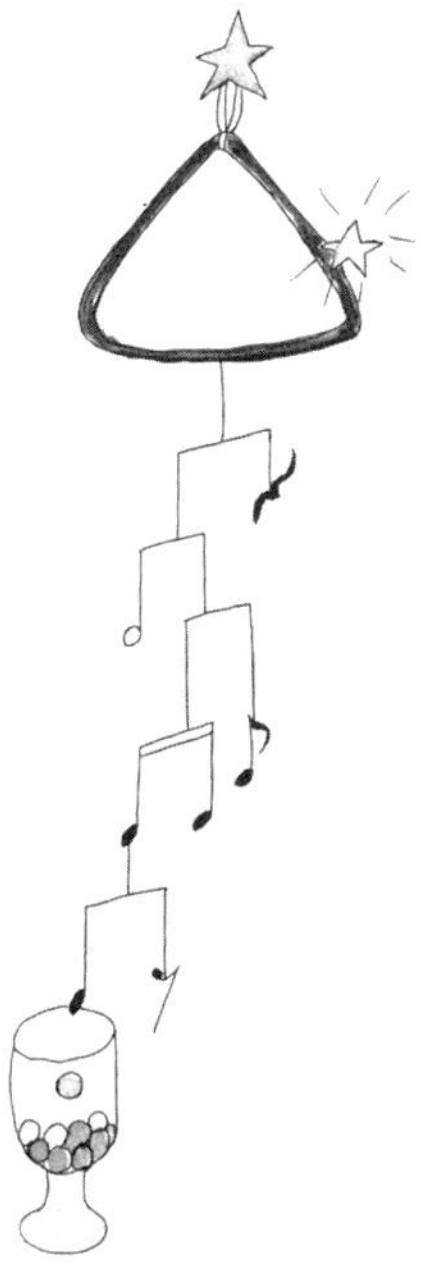

Ⅱ　泣きたくなってくる

ちりめんじゃこ

ひからびた　からだは
小さくて　小さくて
骨《ほね》がすきとおって
それでもちゃんと
青い目がついていて
泣《な》きたくなってくる

おれまがった　からだは
軽《かる》くて　軽くて
いろんな顔してても
おおぜいのなかの
一ぴきでしかなくて
泣きたくなってくる

春のグラス

かだんの　テーブル
まっかな　まっかな
チューリップグラス
なにが　はいってる？
太陽《たいよう》のひかり　はいってる
のぞくと　ふしぎな　まんげきょう
うまれたての　グラスに
春が　あふれているよ

かだんの　テーブル
まっしろ　まっしろ
チューリップグラス
なにが　はいってる?
さわやかな風が　はいってる
ふうせんみたいに　ふくらむよ
お気にいりの　グラスで
春を　のみほしたいな

すきなもの

なにか　ひとつ　すきなもの
いちご　たまごやき
絵本　えんぴつ
はなびらの　うすい花
いろいろ　うかぶけど
やっぱり　いちばん　すきなもの
よれよれの　うさぎの　もうふ
はなせない

なにか　ひとつ　すきなこと
うたを　うたうこと
星を　見ること
自転車《じてんしゃ》で　走ること
いろいろ　うかぶけど
やっぱり　いちばん　すきなこと
雨の日に　ながぐつ　はいて
歩くこと

いち　たす　に

いち　たす　には　さん
こな　たす　たまごは　パンケーキ
風　たす　ふうりんは　音
えーと　えーと　それからね
ポエム　たす　メロディー
できたよ　うた

青　たす　黄は　みどり
土　たす　球根《きゅうこん》は　チューリップ
雨　たす　太陽《たいよう》は　虹《にじ》
えーと　えーと　それからね
チャンス　たす　ファイトで
めざそう　ゆめ

心のふうせん

やみに　おおわれた
心の　ふうせん
ふくらむ日もあれば
しぼむ日もある
針で　つつくと
なみだが　あふれだす
でも
いつか
にじ色の光
きらめくことが
あるかもしれない

なぜか　おもたい
心の　ふうせん
うかぶ日もあれば
しずむ日もある
どこへ　行くのか
自分でも　わからない
でも
いつか
大きな空を
めざすときが
くるかもしれない

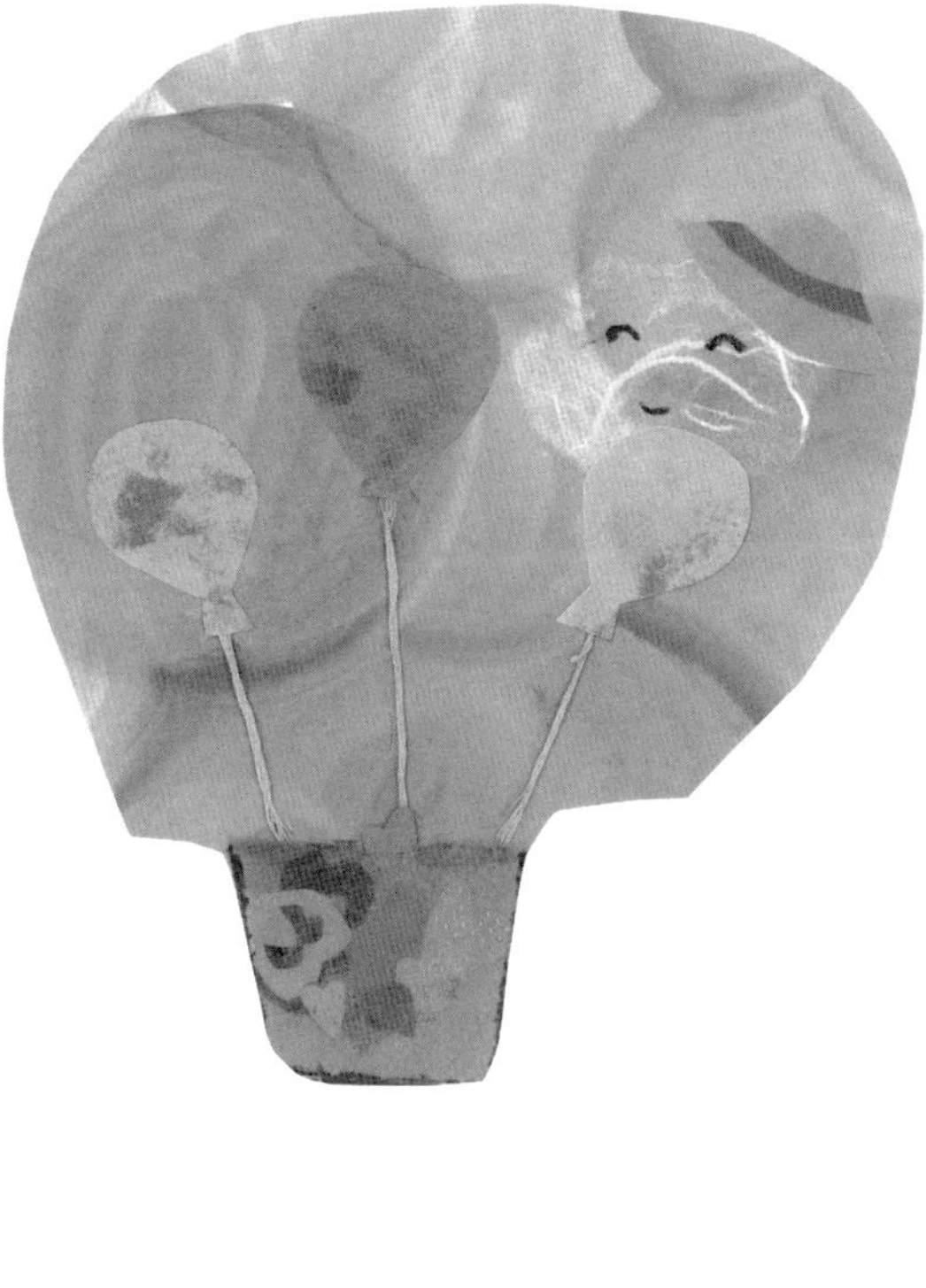

オーブン

わたしは　からっぽだけど
いつでも待《ま》っている
なにかを待っている
わたしが　がんばるのは
なにかを　焼《や》きあげるとき
わたしが　幸《しあわ》せなのは
かおりが　ただようとき
バナナケーキだったり
チョコクッキーだったり
バターロールだったり
生きていると感《かん》じるよ

わたしは　からっぽだけど
いつでも待っている
なにかを待っている
わたしが　はりきるのは
なにかを　料理《りょうり》するとき
わたしが　楽しみなのは
フツフツ　音がするとき
チキンドリアだったり
えびグラタンだったり
ミートローフだったり
生きていると感じるよ

バラ園

何百種類《なんびゃくしゅるい》もの
バラばかりのバラ園
わたしを見て　わたしを見て
わたしはきれい
わたしのほうがきれい
色を競《きそ》っている
　あのなかで
すばらしいバラだと認《みと》められるのは
容易《ようい》ではないなあ
人の通らない
バラ園のかたすみで

たんぽぽは　つぶやく

かおりがあふれる
バラばかりのバラ園
わたしのそばへ　わたしのそばへ
なつかしいでしょ
すがすがしいでしょ
においを競っている
　どの花も
おとずれた人を満足《まんぞく》させて
よかったと思うよ
人がいなくなった
バラ園の入口《いりぐち》で
つるばらは　うなずく

めざましどけい

キッチンの　めざましどけい
トントン　トトトン
なってます
ああ　目がさめた
なにを　きっているのかな
おなかがきゅうに　すいてきた

キッチンの　めざましどけい
シュッシュル　シュシュッシュ
ふいてます
ああ　まだねむい
あまい　ココア　のみたいな
あたらしい日の　はじまりだ

こころ

ゆうがたの
テレビに　うつった
白くまの　赤ちゃん
小さくて　ぬいぐるみのよう
まあ　かわいい
ながいあいだ　ねむっていた
「まあ」の　こころが
目をさますよ

たいせつに
そだてた　あさがお
つぼみが　ひらいた
すみきった　そらいろの花だ
わあ　うれしい
いつのまにか　わすれていた
「わあ」の　こころが
あふれだすよ

てん　てん　てん

小さな　花びらが
かわいい　かすみ草
　いつかは
あざやかな花と　なかよくしたい
　バラなんか　すてき
やがて　おもいは　かないました
だけど　めだちたくない
てん　てん　てん　ひかえめに
てん　てん　てん　ひたむきに

白い　花びらを
ちりばめ　かすみ草
　ときには
カラフルな花と　はなしをしたい
チューリップが　いいな
やがて　ねがいは　かないました
だけど　はずかしがりや
てん　てん　てん　つつましく
てん　てん　てん　さわやかに

サンドイッチ

おふとんと
おふとんの　あいだ
あかちゃんが
フー　スー　スー
小さい　サンド

おふとんと
おふとんの　あいだ
おとうさん
ガー　ゴー　ゴー
大きい　サンド

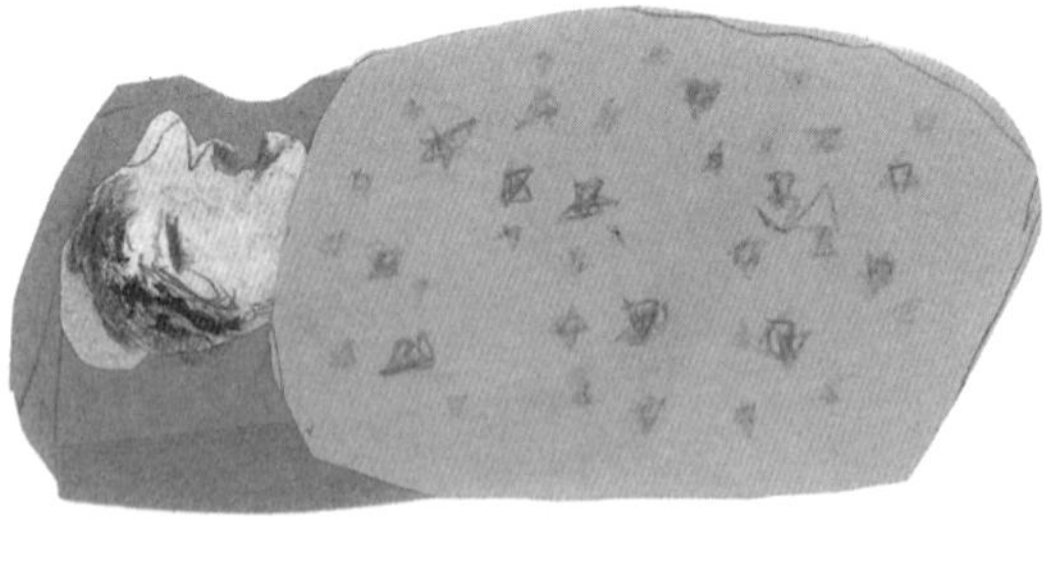

かけぶとんを　はねのけて
わたしは　いつだって
オープンサンド

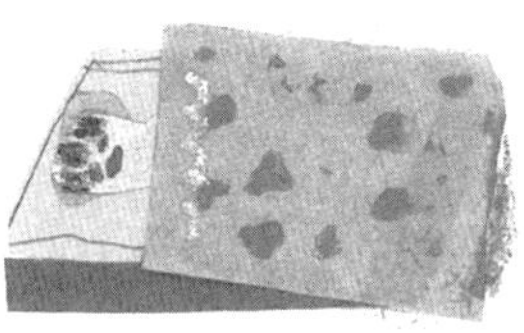

ママはマジシャン

うちのママは　マジシャンみたい
フライパンを
チャッ　チャッ　チャチャチャ
キャベツ　ピーマン　とびはねる
ホップ　ステップ　ジャンプ
野菜《やさい》いためのできあがり

うちのママは　マジシャンみたい
きゅうり一本
トン　トン　ストトン
フルスピードで　切っていく

ドロ　ドロ　ドロン
あらら　みどりの　へびがいる

うちのママは　マジシャンみたい
手のなかで
ぎゅっ　ぎゅっ　ころりん
白い　ボールを　まわしてる
ワン　トゥー　スリー
あっというまに　おにぎりさ

おしいれマン

おしいれマンは
くらいところが　だいすきだ
おしいれの　上の段《だん》に
ふとんを　しくと
二段ベッドの
つもりに　なれるよ

おしいれマンは
たかいところが　だいすきだ
おしいれの　上の段から
たたみに　しいた

ふとんへ　ジャンプ
きもちが　いいよ

おしいれマンは
ひろいところが　だいすきだ
クローゼット　ゆびをはさむと
たいへんだから
こどもべやにも
おしいれ　ほしいな

たち

こども　たち
おとな　たち
にんげん　たち
いきもの　たち
あらゆるもの　たち

おおぜいで
おしよせてくる
こわい

あかり

帰り道を　いそぐころ
あかりが　ともっていくよ
あっちの　家にも
こっちの　家にも
今夜のごはん　なにかしら
明るい話し声　きこえそう
だれかが　きょうも
住《す》んでいる　生きている

空にひかる　星のよう
あかりが　ともっているよ
あっちの　まどにも
こっちの　まどにも

ひとりでくらす　おばあさん
勉強《べんきょう》している　中学生
あしたを　おもって
住んでいる　生きている

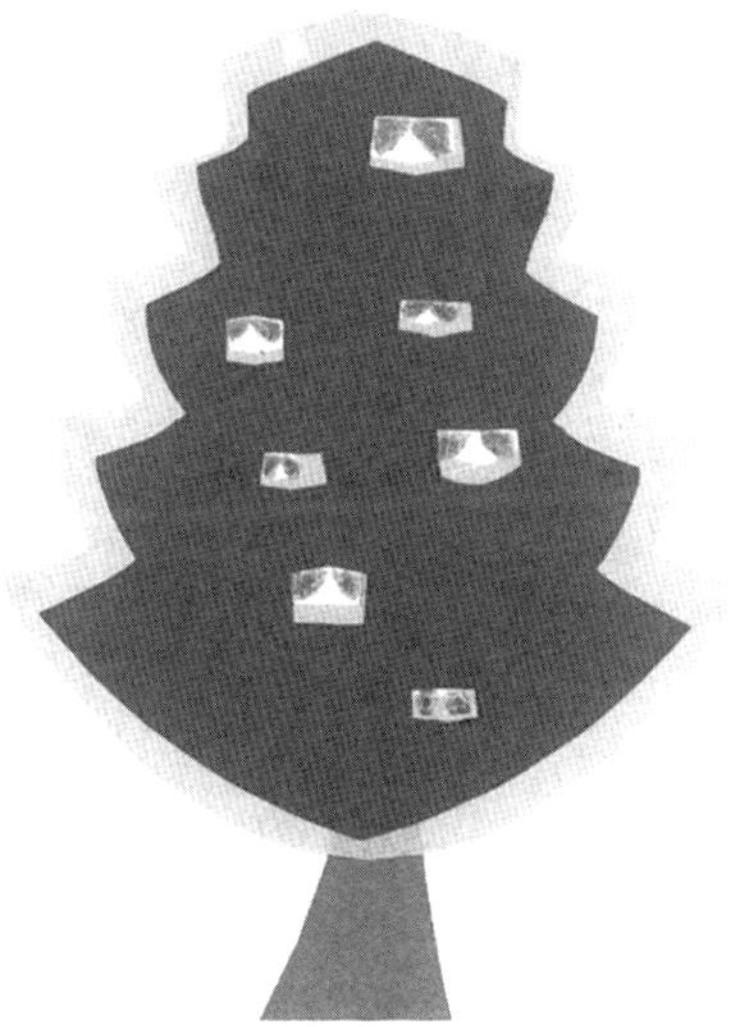

わたしは　けしゴム

わたしは　けしゴム
しかくい　けしゴム
こまかくなって
パッ　パラッ　パッと
つくえのしたへ　すてられる

わたしは　けしゴム
やっぱり　けしゴム
けすことばかり
うまれかわり
たのしいまんが　かきたいな

わたしは　けしゴム
それでも　けしゴム
きれいなノート
まもるために
こころをこめて　がんばるよ

すきとおった声でなかないで

そんなに
すきとおった声で
なかないで
うぐいす
よろこびが
小さなからだから
地球《ちきゅう》の外へ　あふれそうだ

そんなに
すきとおった声で
なかないで
うぐいす
わたしは　きみのようになけない
けれども
なにかをしなくては　しなくては

かけがえのないとき

たとえば
学校の
帰り道
友だちと
ふざけあう

たとえば
あさがおの
種《たね》をまき
芽《め》が出て
水をかける

たとえば
朝早く
散歩《さんぽ》して
愛犬《あいけん》と
日の出を見る

そんな　なんでもないとき
きっと　なにものにもかえがたい

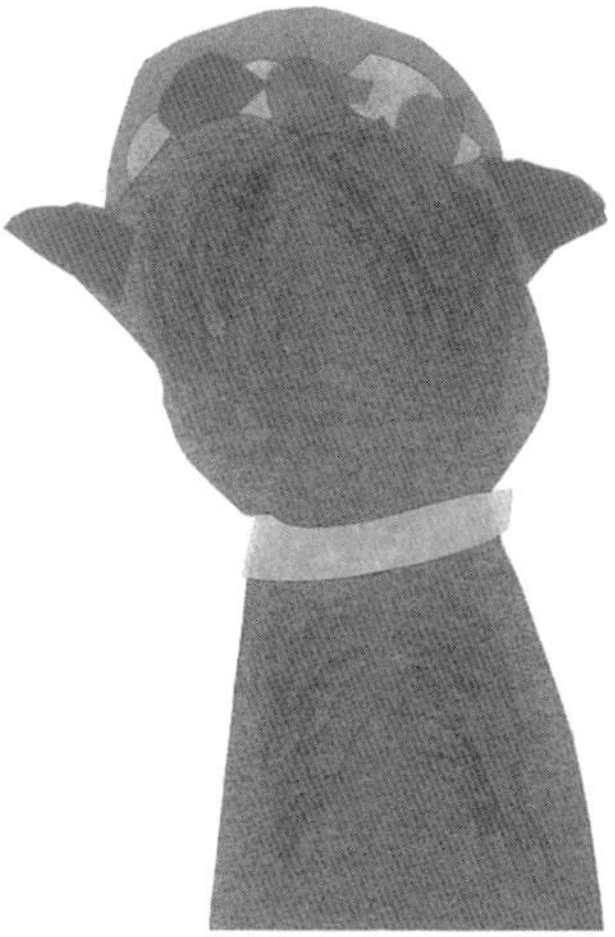

朝のトランペット

夏の朝　早起《はやお》きしたら
ベランダから　あかるい音
あさがおの　トランペット
ひかりのシャワー　あびて
きょうも　ひびいてくる
わたしも　いっしょに
歌いたくなるよ

夏の朝　きもちがいいね
色とりどり　すてきな花
あさがおの　トランペット
水のシャワー　あびて
きょうも　いきいきしてる
わたしも　なんだか
元気が出るよ

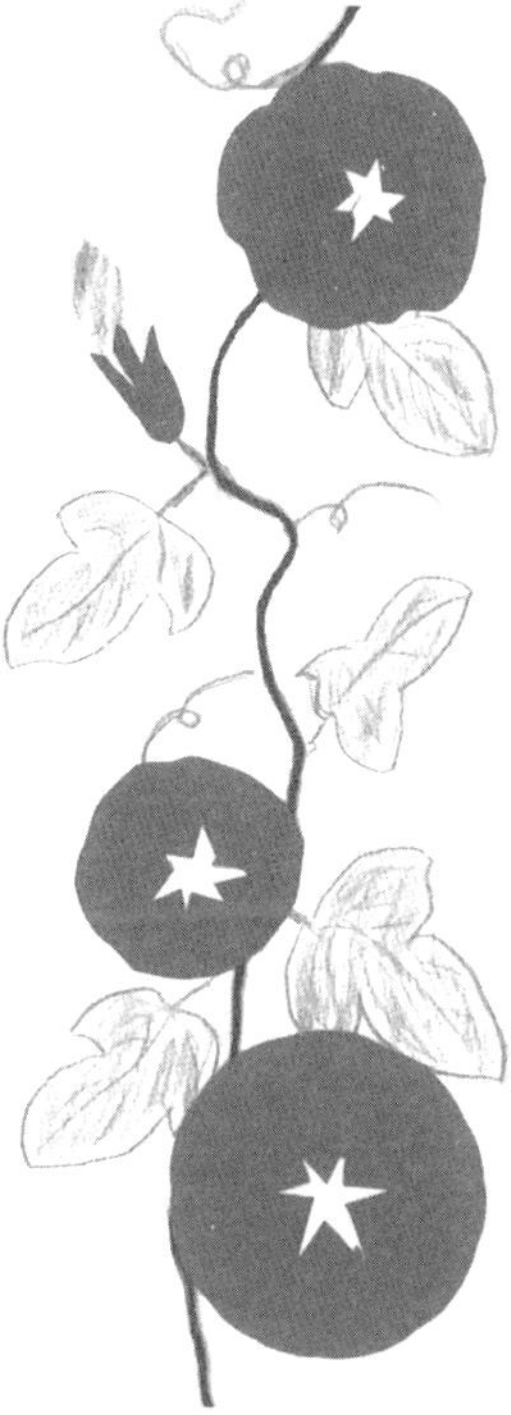

大きくなったら

大きくなったらね
パン屋《や》さんになりたいな
こんがりと　パンがやけるにおいに
つつまれて　くらすんだ
早起《はやお》きだって　へいきだよ
大きなオーブンに
いくつもならべ
ほら　ふくらむよ

大きくなったらね
パン屋さんになりたいな
みんなを　パンでよろこばせたくて
がんばって　作るんだ
休まなくても　へいきだよ
大すきなメロンパン
おなかがすけば
うふ　たべちゃうよ
メロンパンは売りきれです
毎日　いいたいな

元気さーん

さっき　エレベーターでいっしょになった子
しょんぼりしていた
もしかして
入学試験《にゅうがくしけん》に合格《ごうかく》しなかったのかもしれない

きょう　道ですれちがった人
うつむいていた
もしかして
病気《びょうき》が治《なお》らないと告《つ》げられたのかもしれない

外から　わからなくても
倒《たお》れそうになりながら
なんとかふんばっている人
どれだけいることか
自分《じぶん》もそのひとり

なにもできない
どうしたらいいか
元気さーん

ポストの前で

想《おも》い　いってらっしゃい

幸《しあわ》せ

一瞬《いっしゅん》でも感《かん》じたら生きていける

あとがき

恩師の島田陽子先生が同人でいらした、小春久一郎氏主宰の「こどものうた」の会に入れていただいたのは三十年以上も前になります。

同人誌はたくさん出ていて、楽譜が載っていたりしました。でも「こどものうた」のように作曲家が同人となっている同人誌は珍しかったのではないでしょうか。詩を書く人が二十名くらい、曲を作る人が五名くらいの季刊で、作曲家はどれかひとつに曲を付けていました。自分の作品が選ばれているとうれしかったものです。

振り返ると、書くことは生きることだったような気がします。以前の詩集で発表した作品も含め、曲を付けていただいた作品を中心にまとめたくなりました。年譜の意味もあり、初演の年を添えました。

せみの声をききながら

藤本　美智子

― 作曲一覧 ―

ちりめんじゃこ	小春久一郎主宰「こどものうた」同人・高山惇曲…30
すきなもの	1994年第17回童謡祭・沖原真理子曲…34
いち たす に	1995年第18回童謡祭・藤原三千代曲…36
春のグラス	1996年第19回童謡祭・田丸彩和子曲…32
なりたいな	1997年第20回童謡祭・山田茂博曲…18
あめ あめ 雨が	2003年第26回童謡祭・田丸彩和子曲…16
オーブン	2008年第13回こどものコーラス展・山田茂博曲…40
きれい！	2009年第14回こどものコーラス展・山田茂博曲…14
心のふうせん	2010年第15回こどものコーラス展・山田茂博曲…38
バラ園	2012年第16回こどものコーラス展・山田茂博曲…42
めざましどけい	2013年第36回童謡祭・山田茂博曲…44
おしいれマン	2015年第19回こどものコーラス展・穴原雅己曲…54
スイートピー	2015年第38回童謡祭・高橋知子曲…20
朝にありがとう	2017年第21回こどものコーラス展・山田茂博曲… 8
サンドイッチ	2017年第40回童謡祭・藤元薫子曲…50
てん てん てん	2019年第23回こどものコーラス展・田丸彩和子曲…48
わたしは けしゴム	2020年新しい子どもの歌コンサート・藤元薫子曲…60
木の気分	2021年新しい子どもの歌コンサート・北澤秀夫曲…22
ママはマジシャン	2021年第44回童謡祭・穴原雅己曲…52
たち	2023年第34回21世紀日本歌曲の潮流・田丸彩和子曲…56
すきとおった声でなかないで	2023年第34回21世紀日本歌曲の潮流・田丸彩和子曲…62
朝のトランペット	2023年第45回童謡祭・多田慎也曲…66
大きくなったら	2024年第46回童謡祭・高橋知子曲…68

著者紹介

詩・絵　藤本 美智子（ふじもと みちこ）

香川県生まれ
日本童謡協会会員

『雨の日はさかなに』（1991年　編集工房ノア）
『緑のふんすい』（2010年　銀の鈴社）
『心のふうせん』（2013年　銀の鈴社）
『ひだまり』（2018年　たんぽぽ出版）
女声合唱組曲『風《ふう》さん —四国に渡った犬のお話—』
（田丸彩和子曲　2020年　マザーアース出版）
『木の気分』（2022年　銀の鈴社）
「ヌーボーおじさん」（アンソロジー『銀の鈴ものがたりの小径』）

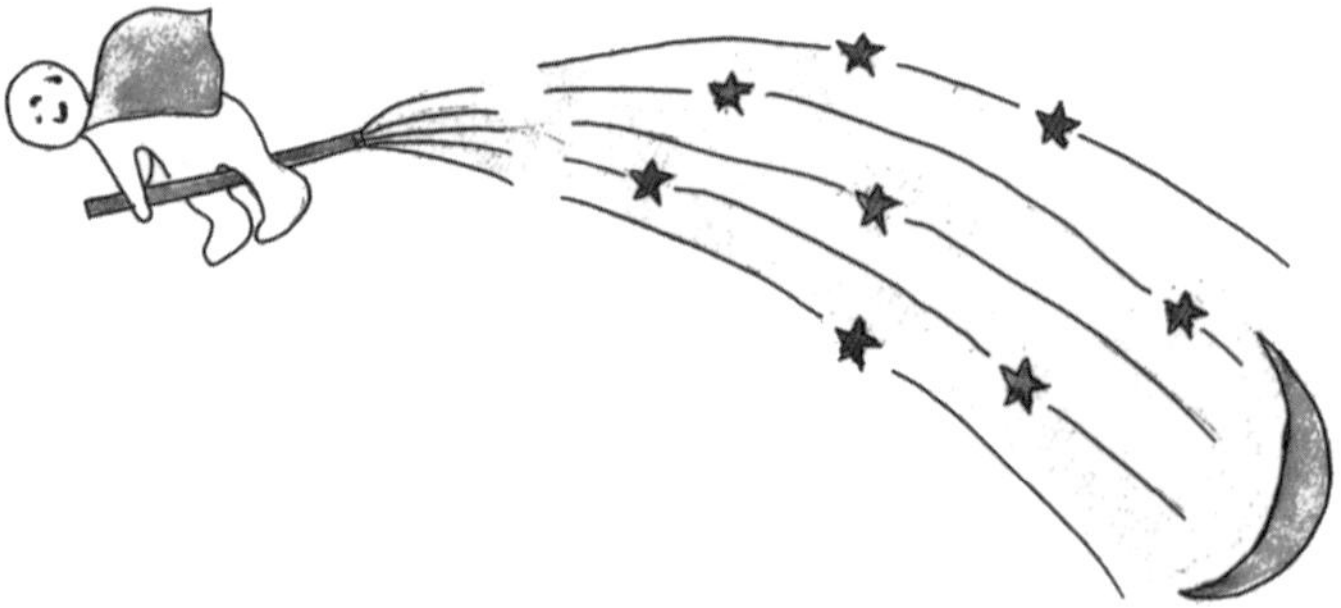

NDC911
神奈川　銀の鈴社　2024
80頁　21cm（わたしの描いた詩）

ジュニアポエムシリーズ　317　　2024年9月30日初版発行
本体1,600円＋税

わたしの描いた詩

著　　者　　詩・絵　藤本美智子©
発 行 者　　西野大介
編集発行　　㈱銀の鈴社　TEL 0467-61-1930　FAX 0467-61-1931
〒248-0017 神奈川県鎌倉市佐助1-18-21万葉野の花庵
https://www.ginsuzu.com
E-mail　info@ginsuzu.com

ISBN978－4－86618－171－4　C8092
落丁・乱丁本はお取り替え致します
印刷　電算印刷
製本　渋谷文泉閣

…ジュニアポエムシリーズ…

1	鈴木敏史詩集　宮下琢郎・絵	星の美しい村	★☆
2	小池知子詩集　高志孝子・絵	おにわいっぱいぼくのなまえ	★☆
3	鶴岡千代子詩集　武田淑子・絵	白い虹	児文芸新人賞
4	楠木しげお詩集　久保雅勇・絵	カワウソの帽子	
5	津坂治男詩集　垣内美穂・絵	大きくなったら	★◇
6	後藤れい子詩集　山本まつ子・絵	あくたれぼうずのかぞえうた	
7	北村蔦子詩集　柿本幸造・絵	あかちんらくがき	
8	吉田瑞穂詩集　吉田翠・絵	しおまねきと少年	★⊠◎
9	新川和江詩集　葉祥明・絵	野のまつり	★☆
10	阪田寛夫詩集　織茂恭子・絵	夕方のにおい	★◈○☆
11	高田敏子詩集　若山憲・絵	枯れ葉と星	★☆
12	原田直友詩集　吉田翠・絵	スイッチョの歌	★◎
13	小林純一詩集　久保雅勇・絵	茂作じいさん	★♪◉☆◎
14	谷川俊太郎詩集　長新太・絵	地球へのピクニック	★◎◇
15	与田準一詩集　深沢省三・絵　深沢紅子・絵	ゆめみることば	★
16	岸田衿子詩集　中谷千代子・絵	だれもいそがない村	
17	江間章子詩集　榊原直美・絵	水と風	◇◎
18	原田直友詩集　小野まり・絵	虹—村の風景—	★
19	福田正夫詩集　福田達夫・絵	星の輝く海	★☆
20	草野心平詩集　長野ヒデ子・絵	げんげと蛙	★☆○◇
21	宮田滋子詩集　青木まさる・絵	手紙のおうち	☆○
22	久保田昭三詩集　斎藤彬子・絵	のはらでさきたい	
23	鶴岡千代子詩集　加倉井和夫・絵　武田淑子・絵	白いクジャク	★♪
24	尾上尚子詩集　まど・みちお・絵	そらいろのビー玉	★☆ 児文協新人賞
25	水上紅詩集　深沢紅子・絵	私のすばる	☆
26	野呂昶詩集　福島一二三・絵	おとのかだん	★
27	こやま峰子詩集　武田淑子・絵	さんかくじょうぎ	☆
28	青戸かいち詩集　駒宮録郎・絵	ぞうの子だって	
29	まきたかし詩集　福田達夫・絵	いつか君の花咲くとき	★☆♡
30	薩摩忠詩集　駒宮録郎・絵	まっかな秋	★☆♡
31	新川和江詩集　福島一二三・絵	ヤァ！ヤナギの木	★☆○♡
32	井上靖詩集　駒宮録郎・絵	シリア沙漠の少年	★☆♡
33	古村徹三　詩・絵	笑いの神さま	
34	江上波夫詩集　青空風太郎・絵	ミスター人類	○☆
35	秋原秀夫詩集　鈴木義治・絵	風の記憶	★◎
36	水村三千夫詩集　武田淑子・絵	鳩を飛ばす	
37	久冨純江詩集　渡辺安芸夫・絵	風車　クッキングポエム	
38	日野生三詩集　吉野晃希男・絵	雲のスフィンクス	★
39	佐藤雅子詩集　佐藤太清・絵　広瀬きよみ・絵	五月の風	★
40	小黒恵子詩集　武田淑子・絵	モンキーパズル	★
41	木村信子詩集　山本典子・絵	でていった	
42	中野栄子詩集　吉田翠・絵	風のうた	☆
43	宮田滋子詩集　牧村慶子・絵	絵をかく夕日	★
44	大久保テイ子詩集　渡辺安芸夫・絵	はたけの詩	★☆
45	秋原秀夫詩集　赤星亮衛・絵	ちいさなともだち	♥

☆日本図書館協会選定（2015年度で終了）　♪日本童謡賞　♧岡山県選定図書　◇岩手県選定図書
★全国学校図書館協議会選定（SLA）　♡日本子どもの本研究会選定　◆京都府選定図書
□少年詩賞　■茨城県すいせん図書　♥秋田県選定図書　⊠芸術選奨文部大臣賞
○厚生省中央児童福祉審議会すいせん図書　♣愛媛県教育会すいせん図書　◉赤い鳥文学賞　◈赤い靴賞

…ジュニアポエムシリーズ…

46 日友靖子詩集 藤城清治・安西明美・絵 猫曜日だから ◆☆
47 秋葉てる代詩集 武田淑子・絵 ハープムーンの夜に ♡
48 こやま峰子詩集 山本省三・絵 はじめのいーっぽ ★♡
49 黒柳啓子詩集 金子滋・絵 砂かけ狐 ♡
50 三枝ますみ詩集 武田淑子・絵 ピカソの絵 ☆♡♪
51 夢虹二詩集 武田淑子・絵 とんぼの中にぼくがいる ♡○♥
52 はたちよしこ詩集 まど・みちお・絵 レモンの車輪 □✤
53 大岡信詩集 葉祥明・絵 朝の頌歌 ★☆♡♥◎
54 吉田瑞穂詩集 吉田翠・絵 オホーツク海の月 ★☆♡
55 さとう恭子詩集 村上保・絵 銀のしぶき ★☆♡
56 星乃ミミナ詩集 葉祥明・絵 星空の旅人 ★☆♡
57 葉祥明詩・絵 ありがとう そよ風 ★♡▲
58 青戸かいち詩集 初山滋・絵 双葉と風
59 小野ルミ詩集 和田誠・絵 ゆきふるるん ★☆♪♡
60 なぐもはるき詩・絵 たったひとりの読者 ★♡✤

61 小関秀夫詩集 小倉玲子・絵 風《かざ》栞《しおり》 ★♡♥
62 海沼松世詩集 守下さおり・絵 かげろうのなか ☆♡
63 山本龍生詩集 小倉玲子・絵 春行き一番列車 ♡
64 小泉周二詩集 深沢省三・絵 こもりうた ★☆♡
65 かわてせいぞう詩集 若山憲・絵 野原のなかで ♡★♥
66 えぐちまき詩集 赤星亮衛・絵 ぞうのかばん ♡◆♥
67 池田あきつ詩集 小倉玲子・絵 天気雨 ♡
68 藤井則行詩集 君島美知子・絵 友へ ♡♤
69 藤哲生詩集 武田淑子・絵 秋いっぱい ★♠
70 日友靖子詩集 深沢紅子・絵 花天使を見ましたか ★
71 吉田瑞穂詩集 吉田翠・絵 はるおのかきの木 ★
72 小島禄琅詩集 中村陽子・絵 海を越えた蝶 ☆★♥♡
73 にしおまさこ詩集 杉田幸子・絵 あひるの子 ★
74 山下竹二詩集 徳田徳志芸・絵 レモンの木 ★
75 高崎乃理子詩集 奥山英俊・絵 おかあさんの庭 ★♡

76 檜きみこ詩集 広瀬弦・絵 しっぽいっぽん ★♪□☆♡
77 たかはしけいこ詩集 高田三郎・絵 おかあさんのにおい ♡♣□
78 星乃ミミナ詩集 深澤邦朗・絵 花かんむり ♥☆♡
79 佐藤照雄詩集 津波信久・絵 沖縄 風と少年 ☆♡★
80 相馬梅子詩集 やなせたかし・絵 真珠のように ♥★
81 小島禄琅詩集 深沢紅子・絵 地球がすきだ ★
82 鈴木美智子詩集 黒澤梧郎・絵 龍のとぶ村 ◇★♥
83 いがらしれいこ詩集 高田三郎・絵 小さなてのひら ☆
84 宮入黎子詩集 小倉玲子・絵 春のトランペット ☆★
85 下田喜久美詩集 方振寧・絵 ルビーの空気をすいました ☆
86 野呂昶詩集 方振寧・絵 銀の矢ふれふれ ★
87 ちよはらまちこ詩集 ちよはらまちこ・絵 パリパリサラダ ★
88 秋原秀夫詩集 徳田徳志芸・絵 地球のうた ☆★
89 中島あやこ詩集 井上緑・絵 もうひとつの部屋 ★
90 藤川こうのすけ詩集 葉祥明・絵 こころインデックス ☆

✼サトウハチロー賞
☼三木露風賞
♤福井県すいせん図書
▲神奈川県児童福祉審議会推薦優良図書
♠奈良県教育研究会すいせん図書
✤北海道選定図書
◈静岡県すいせん図書
◎学校図書館図書整備協会選定図書（SLBA）
✣毎日童謡賞
❁三越左千夫少年詩賞

…ジュニアポエムシリーズ…

91 新井 和詩集／高田 三郎・絵　おばあちゃんの手紙 ☆★
92 はなわたえこ詩集／えばとかつこ・絵　みずたまりのへんじ ★♪
93 柏木恵美子詩集／武田 淑子・絵　花のなかの先生 ☆
94 中原千津子詩集／寺内 直美・絵　鳩への手紙 ★
95 髙瀬美代子詩集／小倉 玲子・絵　仲なおり ★
96 杉本深由起詩集／若山 憲・絵　トマトのきぶん ☆★◎ 児文芸新人賞
97 宍倉さとし詩集／守下さおり・絵　海は青いとはかぎらない ♧
98 石井 英行詩集／有賀 忍・絵　おじいちゃんの友だち ■
99 なかのひろ詩集／アサト・シェラ・絵　とうさんのラブレター ☆★
100 小松 静江詩集／藤川 秀之・絵　古自転車のバットマン
101 石原 一輝詩集／加藤 真夢・絵　空になりたい ☆✧★
102 小泉 周二詩集／西 真里子・絵　誕生日の朝 ☆■★
103 くすのきしげのり童謡／わたなべあきお・絵　いちにのさんかんび ☆★
104 成本 和子詩集／小倉 玲子・絵　生まれておいで ☆★♡♧✧
105 伊藤 政弘詩集／小倉 玲子・絵　心のかたちをした化石 ★

106 川崎 洋子詩集／井戸 妙子・絵　ハンカチの木 □★☆
107 柘植 愛子詩集／油野 誠一・絵　はずかしがりやのコジュケイ ✧
108 新谷智恵子詩集／葉 祥明・絵　風をください ☆◈♪♡✣◌
109 金親 尚子詩集／牧 進・絵　あたたかな大地 ☆
110 黒柳 啓子詩集／吉田 翠・絵　父ちゃんの足音 ☆★♡□
111 富田 栄子詩集／油野 誠一・絵　にんじん笛 ♡☆
112 原 国子詩集／高畠 純・絵　ゆうべのうちに ☆△
113 宇部 京子詩集／スズキコージ・絵　よいお天気の日に ○□♪☆◇★
114 武鹿 悦子詩集／牧野 鈴子・絵　お花見 ☆□
115 山本なおこ詩集／梅田 俊作・絵　さりさりと雪の降る日 ☆★
116 小林比呂古詩集／おおた慶文・絵　ねこのみち ☆
117 後藤れい子詩集／渡辺あきお・絵　どろんこアイスクリーム ☆
118 重清 良吉詩集／高田 三郎・絵　草の上 ☆□✿◆★
119 宮中 雲子詩集／西 真里子・絵　どんな音がするでしょか ✲★
120 前山 敬子詩集／若山 憲・絵　のんびりくらげ ☆★

121 川端 律子詩集／若山 憲・絵　地球の星の上で ♡
122 たかはしけいこ詩集／織茂 恭子・絵　とうちゃん ♡✿♣★
123 宮田 滋子詩集／深澤 邦朗・絵　星の家族 ☆♪
124 国沢たまき詩集／唐沢 静・絵　新しい空がある
125 池田あきつ詩集／小倉 玲子・絵　かえるの国 ★
126 黒田 恵子詩集／倉島千賀子・絵　ボクのすきなおばあちゃん ☆★♡
127 垣内 磯子詩集／宮崎 照代・絵　よなかのしまうまバス ☆♡★
128 小泉 周二詩集／佐藤 平八・絵　太陽へ ✿★♪☆♡
129 中島 和子詩集／秋里 信子・絵　青い地球としゃぼんだま ☆★
130 のろさかん詩集／福島一二三・絵　天のたて琴 ☆
131 加藤 丈夫詩集／葉 祥明・絵　ただ今受信中 ☆★
132 北原 悠子詩集／深沢 紅子・絵　あなたがいるから ♡
133 池田もと子詩集／小倉 玲子・絵　おんぷになって ♡
134 鈴木 初江詩集／吉田 翠・絵　はねだしの百合 ★
135 垣内 磯子詩集／今井 俊・絵　かなしいときには ★

△長野県教育委員会すいせん図書　✡㈶日本動物愛護協会推薦図書
◈茨城県推奨図書　●児童ペン賞

…ジュニアポエムシリーズ…

136	秋葉てる代詩集 やなせたかし・絵	おかしのすきな魔法使い	♪★
137	青戸かいち詩集 永田萠・絵	小さなさようなら	❀★
138	柏木恵美子詩集 高田三郎・絵	雨のシロホン	♡★
139	藤井則行詩集 阿見みどり・絵	春だから	♡★◎
140	黒田勲子詩集 山中冬児・絵	いのちのみちを	
141	南郷芳明詩集 的場豊子・絵	花時計	
142	やなせたかし 詩・絵	生きているってふしぎだな	
143	内田麟太郎詩集 斎藤隆夫・絵	うみがわらっている	
144	しまざきふみ詩集 島崎奈緒・絵	こねこのゆめ	♡
145	糸永えつこ詩集 武井武雄・絵	ふしぎの部屋から	♡
146	石坂きみこ詩集 鈴木英二・絵	風の中へ	♡
147	坂本のこ詩集 坂本こう・絵	ぼくの居場所	♡
148	島村木綿子 詩・絵	森のたまご	❀
149	楠木しげお詩集 わたせせいぞう・絵	まみちゃんのネコ	★
150	牛尾良子詩集 上矢津・絵	おかあさんの気持ち	♡
151	三越左千夫詩集 阿見みどり・絵	せかいでいちばん大きなかがみ	★
152	水村三千夫詩集 高見八重子・絵	月と子ねずみ	
153	川越文子詩集 横松桃子・絵	ぼくの一歩ふしぎだね	★
154	すずきゆかり詩集 葉祥明・絵	まっすぐ空へ	
155	西田純詩集 葉祥明・絵	木の声水の声	
156	清野倭文子詩集 水科舞・絵	ちいさな秘《ひ》密《みつ》	
157	川奈静詩集 直江みちる・絵	浜ひるがおはパラボラアンテナ	★◎
158	若木良水詩集 西真里子・絵	光と風の中で	
159	牧陽子詩集 渡辺あきお・絵	ねこの詩	★◎
160	宮田滋子詩集 阿見みどり・絵	愛一輪	★◎
161	井上灯美子詩集 唐沢静・絵	ことばのくさり	☆♪
162	滝波万理子詩集 滝波裕子・絵	みんな王《おう》様《さま》	★♪
163	冨岡みち詩集 関口コオ・絵	かぞえられへんせんぞさん	★
164	垣内磯子詩集 辻恵子・切り絵	緑色のライオン	★◎
165	すぎもとれいこ詩集 平井辰夫・絵	ちょっといいことあったとき	★
166	岡田喜代子詩集 おぐらひろかず・絵	千年の音	★☆◎
167	川奈静詩集 直江みちる・絵	ひもの屋さんの空	★◎☆♥♡
168	鶴岡千代子詩集 武田淑子・絵	白い花火	★☆
169	井上灯美子詩集 唐沢静・絵	ちいさい空をノックノック	★◎☆
170	尾崎杏子詩集 ひなた山すじゅう郎・絵	海辺のほいくえん	☆♡★◎
171	柘植愛子詩集 やなせたかし・絵	たんぽぽ線路	☆♡★◎♪
172	小林比呂古詩集 うめざわのりお・絵	横須賀スケッチ	☆★◎♡▲
173	林佐知子詩集 串田敦子・絵	きょうという日	☆★◎♡▲
174	後藤基宗子詩集 岡澤由紀子・絵	風とあくしゅ	☆♥★◎♡
175	土屋律子詩集 高瀬のぶえ・絵	るすばんカレー	☆♡★◎▲
176	三輪アイ子詩集 深沢邦朗・絵	かたぐるましてよ	★☆♡
177	田辺瑞美子詩集 西真里子・絵	地球賛歌	☆★◎
178	高瀬美代子詩集 小倉玲子・絵	オカリナを吹く少女	☆♡
179	中野恵子詩集 串田敦子・絵	コロポックルでておいで	★♡☆♪
180	松井節子詩集 阿見みどり・絵	風が遊びにきている	★☆♡▲

…ジュニアポエムシリーズ…

181 新谷智恵子詩集　徳田徳志芸・絵　とびたいペンギン　佐世保文学賞 ♡★◎▲
182 牛尾良子詩集　牛尾征治・写真　庭のおしゃべり　♡★◎
183 三枝ますみ詩集　髙見八重子・絵　サバンナの子守歌　☆★
184 佐藤雅子詩集　佐藤太清・絵　菊池治子・絵　空の牧《まき》場《ば》　☆★♡■◎◈
185 山内弘子詩集　おぐらひろかず・絵　思い出のポケット　♡★♪
186 山内弘子詩集　阿見みどり・絵　花の旅人　♡★▲
187 原国子詩集　牧野鈴子・絵　小鳥のしらせ　♡★△◎
188 人見敬子詩・絵　方《はこ》舟《ぶね》地球号 ―いのちは元気―　♡★◎
189 林佐知子詩集　串田敦子・絵　天にまっすぐ　★☆♡◎
190 小臣富子詩集　渡辺あきお・絵　わんさかわんさかどうぶつさん　✡♡★◎
191 川越文子詩集　かまだちえみ・写真　もうすぐだからね　♡★◎
192 永田喜久男詩集　武田淑子・絵　はんぶんごっこ　☆★◎♡
193 吉田房子詩集　大和田明代・絵　大地はすごい　★◎♡▲
194 石井春香詩集　髙見八重子・絵　人魚の祈り　★♡
195 石原一輝詩集　小倉玲子・絵　雲のひるね　♡

196 たかはしけいこ詩集　髙橋敏彦・絵　そのあと　ひとは　★
197 宮田滋子詩集　おおた慶文・絵　風がふく日のお星さま　★♡◎
198 渡辺恵美子詩集　つるみゆき・絵　空をひとりじめ　★♡♪
199 宮中雲子詩集　西真里子・絵　手と手のうた　★
200 杉本深由起詩集　太田大八・絵　漢字のかんじ　★♡✿
201 井上灯美子詩集　唐沢静・絵　心の窓が目だったら　★♡
202 峰松晶子詩集　おおた慶文・絵　きばなコスモスの道　★♡
203 高橋文子詩集　山中桃子・絵　八丈太鼓　★♡
204 長野貴子詩集　武田淑子・絵　星座の散歩　★♡
205 江口正子詩集　髙見八重子・絵　水の勇気　♡☆★
206 藤本美智子詩・絵　緑のふんすい　☆♡★
207 林佐知子詩集　串田敦子・絵　春はどどど　♡★◎
208 小関秀夫詩集　阿見みどり・絵　風のほとり　☆♡★▲
209 宗美津子詩集　宗信寛・絵　きたのもりのシマフクロウ　♡★
210 かわてせいぞう詩集　髙橋敏彦・絵　流れのある風景　☆♡★

211 土屋律子詩集　高瀬のぶえ・絵　ただいまぁ　★♡☆◎▲
212 永田喜久男詩集　武田淑子・絵　かえっておいで　☆♡★
213 みたみちこ詩集　牧進・絵　いのちの色　♡★
214 糸永えつこ詩集　糸永わかこ・絵　母です 息子です おかまいなく　♡☆★
215 宮田滋子詩集　武田淑子・絵　さくらが走る　♡☆★♪
216 柏木恵美子詩集　吉野晃希男・絵　ひとりぼっちの子クジラ　♡★◎
217 江口正子詩集　髙見八重子・絵　小さな勇気　♡☆★
218 井上灯美子詩集　唐沢静・絵　いろのエンゼル　★♡
219 中島あやこ詩集　日向山寿十郎・絵　駅伝競走　★☆♡
220 高橋孝治詩集　髙見八重子・絵　空の道　心の道　★♡
221 江口正子詩集　日向山寿十郎・絵　勇気の子　♡☆★
222 宮田滋子詩集　牧野鈴子・絵　白鳥よ　☆★
223 井上良子詩集　銅版画　太陽の指環　★
224 川越文子詩集　山中桃子・絵　魔法のことば　♡☆★
225 西本みさこ詩集　上司かのん・絵　いつもいっしょ　☆♡

…ジュニアポエムシリーズ…

226 おばらいちこ詩集 高見八重子・絵 ぞうのジャンボ ☆★♡
227 吉田房子詩集 本田あまね・絵 まわしてみたい石臼 ★♡
228 吉田房子詩集 阿見みどり・絵 花 詩 集 ★♡◎
229 田中たみ子詩集 唐沢静・絵 へこたれんよ ★◎
230 林佐知子詩集 串田敦子・絵 この空につながる ★♡
231 藤本美智子 詩・絵 心のふうせん ★♡
232 火星雅範詩集 西川律子・絵 ささぶねうかべたよ ★♡▲
233 吉田房子詩集 岸田歌子・絵 ゆりかごのうた ★♡
234 むらかみみちこ詩集 むらかみみちこ むらかみあくる・絵 風のゆうびんやさん ★♡
235 白谷玲花詩集 阿見みどり・絵 柳川白秋めぐりの詩 ★♡
236 ほさかとしこ詩集 内山つとむ・絵 神さまと小鳥 ★☆♡
237 内田麟太郎詩集 長野ヒデ子・絵 まぜごはん ☆★◎♡▲
238 小林比呂古詩集 出口雄大・絵 きりりと一直線 ♡★
239 牛尾良子詩集 おぐらひろかず・絵 うしの土鈴とうさぎの土鈴 ★◎♡
240 山本純子詩集 ルイコ・絵 ふ ふ ふ ★♡☆◎
241 神田亮 詩・絵 天使の翼 ★☆♡
242 かんざわみえ詩集 阿見みどり・絵 子供の心大人の心さ迷いながら ☆★◎▲
243 永田喜久男詩集 内山つとむ・絵 つながっていく ★☆♡
244 浜野木碧 詩・絵 海原散歩 ☆★◎♡
245 やまうち・しゅうへい詩集 山本省三・絵 風のおくりもの ☆★◎♡
246 すぎもとれいこ 詩・絵 てんきになあれ ★◎
247 冨岡みち詩集 加藤真夢・絵 地球は家族 ひとつだよ ♡☆◎★
248 北野千賀詩集 滝波裕子・絵 花束のように ♡☆★◎
249 石原一輝詩集 加藤真夢・絵 ぼくらのうた ♡★◎
250 土屋律子詩集 高瀬のぶえ・絵 まほうのくつ ♡☆★◎▲
251 津坂治男詩集 井上良子・絵 白い太陽 ☆♡★◎
252 石井英行詩集 よしだちなつ・表紙絵 野原くん ☆★♡◎▲
253 井上灯美子詩集 唐沢静・絵 たからもの ☆♡★
254 大竹典子詩集 加藤真夢・絵 おたんじょう ☆★
255 たかはしけいこ詩集 織茂恭子・絵 流れ星 ★♡
256 谷川俊太郎詩集 下田昌克・絵 そして ♡★◎
257 なんば・みちこ詩集 布下満・絵 トックントックン 大空で大地で ★◎
258 宮本美智子詩集 阿見みどり・絵 夢の中にそっと ★◎♡
259 成本和子詩集 阿見みどり・絵 天使の梯子 ★◎
260 海野文音詩集 牧野鈴子・絵 ナンドデモ ★♡
261 熊谷本郷詩集 永田萠・絵 かあさん かあさん ★♡
262 大楠翠詩集 吉野晃希男・絵 おにいちゃんの紙飛行機 ★♡♪
263 久保恵子詩集 たかせちなつ・絵 わたしの心は 風に舞う ★♡
264 みずかみさやか詩集 葉祥明・絵 五月の空のように ★♡
265 尾崎昭代詩集 中辻アヤ子・絵 たんぽぽの日 ★
266 はやしゆみ詩集 渡辺あきお・絵 わたしはきっと小鳥 ★
267 田沢節子詩集 永田萠・絵 わき水ぷっくん △★♡
268 柘植愛子詩集 そねはらまさえ・絵 赤いながぐつ ★♡
269 馬場与志子詩集 日向山寿十郎・絵 ジャンケンポンでかくれんぼ ♡★
270 内田麟太郎詩集 高畠純・絵 たぬきのたまご ★●♡

…ジュニアポエムシリーズ…

271 むらかみみちこ 詩・絵 家族のアルバム ★♡
272 井上和子 詩集 吉田瑠美・絵 風のあかちゃん ★♡
273 佐藤一志 詩集 日向山寿十郎・絵 自然の不思議 ♡★
274 小沢千恵 詩・絵 やわらかな地球 ♡★
275 あべこうぞう 詩集 大谷さなえ・絵 生きているしるし ♡★
276 宮田滋子 詩集 田中槇子・絵 チューリップのこもりうた ★♡
277 林佐知子 詩集 葉祥明・絵 空の日 ★♡
278 いしがいようこ 詩・絵 ゆれる悲しみ ★♡
279 村瀬保子 詩集 武田淑子・絵 すきとおる朝 ♡★
280 あわのゆりこ 詩集 高畠純・絵 まねっこ ★♡
281 川越文子 詩集 福田岩緒・絵 赤い車 ★♡
282 白石はるみ 詩集 かないゆみこ・絵 エリーゼのために ★♡
283 尾崎杏子 詩集 日向山寿十郎・絵 ぼくの北極星 ♡★
284 壱岐梢 詩集 葉祥明・絵 ここに ★
285 野口正路 詩集 山手正彦・絵 光って生きている ★◎

286 樋口てい子 詩集 串田敦子・絵 ハネをもったコトバ ★◎
287 火星雅範 詩集 西川律子・絵 ささぶねにのったよ
288 大楠翠 詩集 吉野晃希男・絵 はてなとびっくり ★◎✿
289 大澤清 詩集 阿見みどり・絵 組曲 いかに生きるか ★
290 たかはしけいこ 詩集 織茂恭子・絵 いっしょ ★♡◎
291 内田麟太郎 詩集 大野八生・絵 なまこのぽんぽん ★◎○
292 はやしゆみ 詩集 はなてる・絵 こころの小鳥 ♡★◎
293 いしがいようこ 詩・絵 あ・そ・ぼ！ ★♡◎
294 帆草とうか 詩・絵 空をしかくく切りとって ★♡
295 土屋律子 詩集 吉野晃希男・絵 コピーロボット ★◎♡
296 川上佐貴子 詩集 はなてる・絵 アジアのかけ橋 ♡★◎
297 西沢杏子 詩集 東逸子・絵 さくら貝とプリズム ♡★◎
298 鈴木初江 詩集 小倉玲子・絵 めぐりめぐる水のうた ★◎
299 白谷玲花 詩集 牧野鈴子・絵 母さんのシャボン玉 ◎★
300 ゆふあきら 詩集 ゆふくみこ・やまぐちかおる・絵 すずめのバスケ ♡★◎

301 半田信和 詩集 吉野晃希男・絵 ギンモクセイの枝先に ★◎
302 弓削田健介 詩集 葉祥明・絵 優《やさ》しい詩《うた》のお守《まも》りを ★♡
303 内田麟太郎 詩集 井上コトリ・絵 たんぽぽ ぽぽぽ ★◎♡
304 宮本美智子 詩集 阿見みどり・絵 水色の風の街 ★◎♡
305 星野良一 詩集 ながしまよいち・絵 星の声、星の子へ ◎♡★✿
306 うたかいずみ 詩集 しんやゆう子・絵 あしたの木 ♪♡★◎
307 藤本美智子 詩・絵 木の気分 ♡★◎
308 大迫弘和 詩集 葉祥明・絵 ルリビタキ ★◎
309 林佐知子 詩集 髙見八重子・絵 いのちの音 ★
310 森木林 詩集 葉祥明・絵 あたたかな風になる ★♡
311 内田麟太郎 詩集 かみやしん・絵 たちつてと ★♡
312 星野良一 詩集 ながしまよいち・絵 スターライト ★◎♡
313 雨森政恵 詩集 おむらまりこ・絵 いのちの時間 ★◎
314 神内八重 詩集 田辺玲・絵 あたま なでてもろてん
315 網野秋 詩集 西川律子・絵 ことばの香り

ジュニアポエムシリーズは、子どもにもわかる言葉で真実の世界をうたう個人詩集のシリーズです。

本シリーズからは、毎回多くの作品が教科書等の掲載詩に選ばれており、1974年以来、全国の小・中学校の図書館や公共図書館等で、長く、広く、読み継がれています。

心を育むポエムの世界。

一人でも多くの子どもや大人に豊かなポエムの世界が届くよう、ジュニアポエムシリーズはこれからも小さな灯をともし続けて参ります。

＊刊行の順番はシリーズ番号と異なる場合があります。